❻ 서울(대표 김치_쌈김치, 장김치, 통배추김치)
조선시대에 양반들이 많이 살았던 곳이라 김치도 예법과 맛을 따졌어요. 입에 넣기 좋게 작고 예쁜 모양으로 만들고, 양념도 곱게 다져서 사용해요.

❼ 충청도(대표 김치_호박게국지, 배추고갱이김치, 쪽파젓김치)
서해안에서는 싱싱한 굴과 새우를 이용해 만든 어리굴젓과 새우젓을 넣어 김치를 담가요. 또한 갓, 미나리, 청각, 표고버섯, 배, 밤 등의 산채도 즐겨 넣어요.

우리 나라를 대표하는 김치 맛지도

❽ 전라도(대표 김치_고들빼기, 돌산갓김치, 파래김치)
고춧가루보다 고추를 물에 불려 갈아 사용하고, 찹쌀 풀과 통깨를 넣어 김치 맛이 진하고 고소해요.

❾ 경상도(대표 김치_콩잎김치, 깻잎김치, 부추김치, 곤달비김치)
더운 지방이라 김치가 금방 시어 버릴까 봐 짭짤하고 맵게 담가요.

❿ 제주도(대표 김치_꿩마농(달래)김치, 남삐(무)김치, 톳김치)
섬마을인 제주도에서는 바다에서 나는 것을 이용해 김치를 담가요. 제주도 사투리로 지은 김치 이름이 참 재미있어요.

김치 안 먹을래

스콜라 scola_ 가치 있는 책을 만드는 아름다운 책 학교
(주)위즈덤하우스의 아동·청소년 브랜드입니다.

글 김지은
김지은 선생님은 맛있는 것을 먹고 재미있는 글을 쓰는 것을 제일 좋아해요. 그래서 군침이 절로 나오고 밥을 안 먹어도 배가 부르는 먹음직스러운 동화를 쓰는 게 꿈이랍니다. 그 동안 《바람 속 바람》《미나울림》과 같은 책을 냈지만, 맛있는 이야기가 나오는 동화는 이번에 쓴 《김치 안 먹을래》가 처음이에요. 어렸을 때 김치를 싫어했던 아련한 기억을 떠올리며 재미있는 김치 이야기를 썼답니다.

그림 유준재
유준재 선생님은 대학에서 섬유미술을 전공했어요. 이번 책에서는 옷감에 물감을 입히는 염료 기법으로 본문에 나오는 판타지 세계를 잘 표현하였습니다. 그 동안 그린 대표적인 책으로는 《화성에 간 내 동생》《황소 아저씨》《단군 신화》《고대 이집트》《나는 무슨 씨앗일까?》《지엠오 아이》《대한민국 사진공화국》 등이 있고, 이밖에도 많은 어린이 책에 그림을 그려 왔습니다.

좋은습관 길러주는 생활동화 01

올바른. 식습관을. 길러주는. 책.

김치 안 먹을래

글 김지은 | 그림 유준재

스콜라

작가의 말

먹으면 먹을수록 고소한 맛, 김치

"야! 신 김치! 우욱! 김치 냄새!"

초등학교 때 개구쟁이 짝꿍이 만날 나를 보고 놀렸던 소리예요. 언제부터인지 '신 김치'라는 별명이 이름처럼 불리기 시작하면서 왜 하필이면 내 별명이 '신 김치'일까, 무척 속상했어요. 평소에 좋아하지도 않는 김치인데 그게 별명으로 불린다는 건 정말 기분 안 좋은 일이었거든요. 그 땐 김치를 아주 조금만 먹었어요. 김치 안에 들어 있는 속은 모두 털어 내고, 물에 씻어서 겨우겨우 먹었지요. 게다가 신 김치라면 쿰쿰한 냄새 때문에 근처에도 가기 싫었답니다.

하지만, 엄마는 내가 김치를 좋아하든 말든 해마다 겨울이 되기 전에 김장 준비를 했어요. 김치를 먹는 건 싫었지만, 김장 시장이 서면 그 때마다 엄마 뒤를 따라다니면서 제일 속이 꽉 찬 배추를 고르는 일만큼은 정말 신이 났어요. 그럴 때면 배추 장사 아저씨는 배추 속잎 하나를 툭 꺾어 주며 "아가, 어떠냐? 고소하지?"라고 물어 보았어요. 그럼 저는 우적우적 배추를 씹다 말고 대꾸해요.

"배추가 무슨 과자예요? 고소하게."

엄마는 한 술 더 떠서 우리 애가 이렇게 잘 먹는 걸 보니 아저씨네 배추가 달콤한 것 같다고, 올해는 김장 100포기를 해야겠다고 말해요.

그쯤 되면 나는 입을 씰룩거리며 투덜대지요.

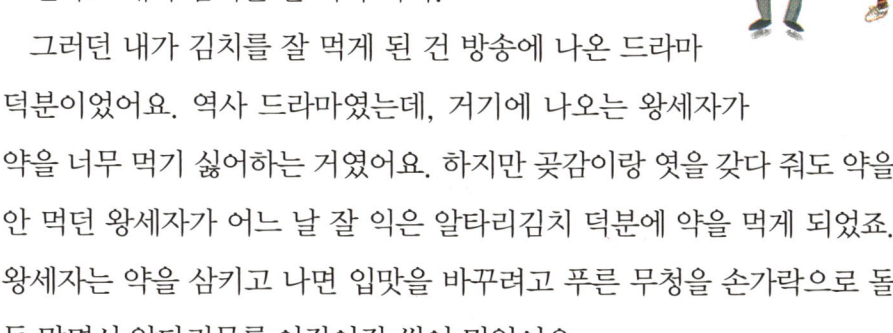

 "배추가 사탕도 아닌데 달다니, 말도 안 돼! 이게 모두 나에게 김치를 잔뜩 먹이려는 작전이야, 작전! 흥, 그런다고 내가 김치를 잘 먹나 봐라."
 그러던 내가 김치를 잘 먹게 된 건 방송에 나온 드라마 덕분이었어요. 역사 드라마였는데, 거기에 나오는 왕세자가 약을 너무 먹기 싫어하는 거였어요. 하지만 곶감이랑 엿을 갖다 줘도 약을 안 먹던 왕세자가 어느 날 잘 익은 알타리김치 덕분에 약을 먹게 되었죠. 왕세자는 약을 삼키고 나면 입맛을 바꾸려고 푸른 무청을 손가락으로 돌돌 말면서 알타리무를 아작아작 씹어 먹었어요.
 그 날부터 나는 왕세자 흉내를 내면서 김치를 먹기 시작했어요. 왕세자가 했던 말처럼 김치는 먹으면 먹을수록 맛있었어요. 그리고 소화가 잘 안 되는 날에는 신 김치 국물 한 숟갈을 꿀꺽 삼키고 잤어요. 이튿날이면 뱃속이 개운해졌고요.
 어른이 된 지금은 '신 김치'라는 예전의 별명처럼 새콤한 김치를 밥상에 빠뜨리지 않고 날마다 먹어요. 김치 덕분에 키도 많이 자랐고, 달리기도 잘해요. 어린이 여러분도 김치를 많이 먹고 튼튼하게 자랐으면 좋겠어요. 동화 속의 콩두가 드라마 속의 왕세자처럼 여러분이 김치를 좋아할 수 있도록 멋지게 안내해 줄 거예요.
 자, 모두 함께 출발!

2009년 가을, 김지은

[부록] 나도 이제 김치 먹을래 72

1. 나에게 맞는 김치 찾아가기
2. 냠냠! 맛있는 김치 요리 만들기
3. 이것만 알면 나도 김치특공대!

"콩두야, 숟가락 놓고 또 어디 가니?"
엄마가 찬물에 만 보리밥 그릇을 땅땅 두드리며 콩두를 부릅니다. 콩두는 부엌 뒷문으로 쪼르르 빠져 나와 장독대 왼쪽 왕항아리 뒤에 바짝 붙어 섰어요.
"아이아, 하이아, 깍두기 너무 매워!"
콩두는 혀를 길게 내놓고 숨을 몰아쉽니다.
"어디 갔어? 김치 부침개에다 딱 두 숟가락만 더 먹자. 부침개는 안 매워."
'으아! 또 김치? 이제는 절대 안 속아.'

참다 못한 엄마가 밥그릇을 들고 뒷마당으로 자박자박 걸어 나옵니다.

"김치에 밥 한 그릇 뚝딱 먹어야 튼튼한 형님된다고 엄마가 말했어, 안 했어?"

목소리가 거칠게 높아집니다.

하지만, 콩두는 맵고, 짜고, 구리구리한 냄새까지 펄펄 나는 김치가 정말 싫어요. 아무리 눈 딱 감고 한 입만 먹어라 해도 절대 안 믿어요. 한 입이 두 입 되고, 두 입이 세 입 된다는 걸 알거든요.

........절그럭

콩두는 왕항아리의 뚜껑을 힘주어 들어올렸습니다. 김칫독은 콩두보다도 머리 하나만큼 키가 더 커요. 원래 된장 간장 항아리는 펑퍼짐할수록 장맛이 깊고, 김칫독은 깊을수록 김치가 아삭아삭 잘 익는다지요.

하지만 콩두네 증조할머니가 돌아가신 뒤로 이 김칫독은 삼 년이나 비어 있었습니다. 더 이상 이렇게 많은 김치를 담는 사람도, 먹을 사람도 없었거든요. 대신 들키면 뺏기는 콩두의 특급 보물들이 이 안에 단단히 숨어 있어요. 괴물 딱지 서른두 장, 로봇 카드 열여덟 장, 죽은 톱사슴벌레 한 마리, 커피 맛

사탕 일곱 개, 콜라 맛 캐러멜 스무 개.

오늘은 무엇을 숨길까요? 콩두! 콩두가 여기에 숨을 거예요. 엄마가 콩두에게 김치 먹이기를 깨끗이 포기할 때까지 말이죠.

'투퉁! 텅!'

콩두가 항아리 속에 쏙 들어가 두 손을 놓자, 묵직한 항아리 뚜껑이 꼭 닫혔습니다. 눈앞이 캄캄해졌어요.

콩두는 커피 맛 사탕을 하나 먹기로 했어요. 혓바닥에 남은 매운맛을 말끔히 없애려고요. 그런데 거칠거칠한 항아리 밑바닥을 싹싹 더듬어도 아무것도 없어요. 넙적한 김장 김치 누름돌이 하나 남아 있을 뿐이에요. 이게 어찌 된 일일까요? 누가 콩두의 보물을 말끔히 챙겨간 것일까요?

그 때 갑자기 콩두의 손바닥이 뜨끈해졌습니다. 불이 확 붙는 것 같았어요.

"콩두야! 우리 좀 도와 줘!"

벌겋게 달아오른 누름돌 위에 여자 아이 얼굴이 또렷또렷하게 떠올랐어요. 모니터가 달린 전화기처럼요.

"너, 넌 누구야?"

"나도 '콩두'라고 해. 2150년에 태어나 지금은 여덟 살이야."

미래 세계에서 온 또 한 명의 콩두라니요. 게다가 참 야무져 보입니다. 깍두기 같은 건 한 보시기를 갖다 줘도 쓱싹 먹어치울 것처럼 생겼어요.

"나랑 똑같은 이름을 가진 아이를 찾아 부탁을 하면 들어줄 거라고 했어. 나와 같은 이름을 가진 사람은 너뿐이야. 제발 도와 줘."

미래에서 온 콩두가 무턱대고 도와 달라고만 합니다. 도대체 뭘 도와 줘야 한다는 걸까요?

묵은지가 필요해

"알겠어. 뭔데?"

콩두는 덜컥 대답을 하고 말았습니다. 아니요, 그럴 수밖에요. 같은 이름을 가진 친구가 미래에서부터 찾아와 도와 달라는데 모른 척 고개를 돌리는 건 몹시 의리 없는 일이니까요.

"묵은지 한 단지가 필요해. 그것도 아주 오래 푹 익은 걸로."

"묵은지라고? 우욱!"

묵은지라 하면, 콩두가 그토록 싫어하는 김치가 아닌가요. 그것도 물컹물컹하고 시디신 김치!

"우리는 묵은지로 '부리부리바이러스'를 이겨 내야 해."

내가 사는 2158년의 세계는 너무 깨끗해. 골목마다 24시간 공기 청정 시스템이 켜져 있어 해로운 물질이나 세균은 곧바로 분해해 버려. 어린이들은 누구나 500가지 병을 예방하는 주사를 맞는데, 그래서인지 아픈 애가 하나도 없었어. 그런데 갑자기 돌연변이 바이러스가 나타난 거야. 무서운 '부리부리바이러스!' 이 바이러스에 걸리면 코끝에 콧물이 매달리고 열이 펄펄 나서 눈알이 부리부리해져. 한 번도 아파 본 적이 없던 내 친구들은 콧물만 나와도 무서워서 막 울어. 학교도 다 문을 닫았어. 그 동안 깨끗한 곳에서만 살아서 우리들 몸 안에는 병균과 싸우는 힘이 별로 없대.

그런데 과학자들이 옛날 책에서 김치를 찾아냈어. 신 김치를 먹은 우리 조상들은 무시무시한 독감 바이러스도 거뜬히 이겨 냈다는 거야. 나는 그 묵은지를 가지고 되돌아가야 해. 제발 나에게 김치의 비밀을 알려 줘!

"그 비밀이 혹시……?"

"맞아. 김치야!"

"말도 안 돼! 김치는 맵기만 한걸."

"잘 익은 김치에는 유산균과 양분이 듬뿍 들어 있대."

그래요. 김치에 영양소가 많다는 건 콩두도 엄마한테 귀에 못이 박히도록 들은 이야기입니다.

"김치가 그렇게 좋으면 너희가 직접 담가 먹으면 되잖아!"

하지만 미래 소녀 콩두는 고개를 가로저었습니다.

"우리는 김치 맛을 몰라."

"왜 몰라? 우리 나라 사람이면서!"

"그럼 너는 알아?"

콩두는 가슴이 뜨끔했습니다.

"아이들이 김치를 잘 안 먹기 시작하면서 어른들은 점점 김치를 담그지 않았어. 김치 만드는 법도 모두 사라졌어. 김치가 병균과 싸울 힘을 길러 주는 몸에 좋은 음식이었다는 기록만 역사책에 남아 있어."

2002년 겨울, 사스(중증급성호흡기증후군)라는 전염병이 있었어요. 갑자기 열이 나면서 온몸이 아픈 병이었어요. 그러나 신기하게도 김치를 먹는 대한민국 사람들은 이 병에 걸리지 않았어요. 학자들은 김치에 사스균과 싸우는 무슨 힘이 있나 알아 보기로 했어요.

실제로 잘 익은 김치에는 장을 튼튼하게 해 주는 유산균이 1억 마리나 살아 있었어요. 암세포가 온몸에 퍼지는 것을 막아 주는 성분도 있었고요. 2006년에는 김치가 세계의 5대 건강식품으로 뽑혔어요. 전 세계가 김치의 힘을 인정한 것이라고 할 수 있지요.

"와아! 우리 엄마 말대로 김치가 정말 몸에 좋긴 좋은가 보구나. 미래의 역사책에까지 나오고."

너무 긴 이야기를 나눈 걸까요? 누름돌이 조금씩 식어 갔습니다. 아무래도 현재의 콩두가 미래의 콩두와 친구들을 위해 묵은지를 구해 와야겠습니다.

"어딜 가야 '아주 오래 푹 잘 익은 묵은지'를 찾을 수 있어?"

"군동내에 가면 묵은지 할머니가 계시는데…… 지지지직……."

신호가 끊어져 버렸습니다. 군동내가 어디죠? 엄마에게 물어 봐야 할까요?

그런데 갑자기 발바닥이 쑤욱~ 아래로 빠지면서 항아리 밑바닥에 커다란 굴이 뻥 뚫렸습니다. 젓갈 냄새가 솔솔 배어 나오는 깊고 커다란 굴이!

군동내에 사는 묵은지 할머니

굴을 따라 내려가니 멀찌감치 아담한 기와집이 보였습니다. 집 앞에는 가느다란 냇물이 흘렀고요. 콩두는 그 냇물을 건너가려다 코를 확 감싸쥐었어요.

"어휴, 쿰쿰해!"

냇가에 흐르는 물은 텁텁한 주홍색 김치 국물이었어요. 증조할머니가 살아 계실 때 콩두는 김치 국물 한 국자를 '흡' 하고 삼킨 적이 있어요. 배가 살살 아프고 꿀렁거렸거든요. 신기하게 뱃속의 소동은 싹 가라앉았지만 그 냄새는 잊을 수가 없어요.

'김장군 못익으면 군동내 1번지 묵은지 할머니'

기와집 문패에 적힌 글자예요.

'군동내에 사는 묵은지 할머니? 아하!'

제대로 찾아왔어요. 멀리 갈 것도 없이 여기서 얼른 묵은지 한 단지를 달라고 하면 되겠어요.

이 때 걸걸한 목소리가 콩두의 귓가에 날아왔습니다.

"뉘시오?"

집주인인 묵은지 할머니였어요. 콩두는 공손하게 인사를 올렸습니다.

"안녕하세요? 저는 몸이 아픈 2158년의 어린이들을 돕기 위해 심부름 온 '콩두'라고 합니다. 아이들이 할머님께서 담그신 김치를 간절히 기다리고 있어요."

"댁의 성함이 메주콩인지 두부인지는 모르겠소만, 나는 콩잎으로도 맛난 김치를 담근다오. 흠, 김치는 밑간이 잘 들어야 제 맛이지."

기역자로 등이 굽은 할머니는 가는귀를 먹었는지 손을 내저

으며 엉뚱한 대답을 하였습니다. 등 뒤로 산더미처럼 쌓인 배추가 모두 김장거리인 모양입니다. 김치 담고 김칫독을 덮을 배추 우거지만 해도 처마에 닿을 만큼 높이 쌓여 있습니다.

"다른 건 필요 없고요, '아주 오래 푹 잘 익은 묵은지' 한 단지만 주시면 금방 갈게요."

"멀리서 찾아오신 듯한데 뭘 그리 서두르시오. 마침 뜨뜻한 흰 쌀밥이 뜸들었으니 일단 배추 속 쌈 얹어서 한 입 맛보고 얘기합시다, 간이 어떤지. 흠, 김치는 밑간이 잘 들어야 제 맛이지."

김치가 먹기 싫어 김칫독 안으로 도망쳐 왔는데 여기서 또다시 김치를 먹어야 하다니! 묵은지 할머니는 김이 모락모락 나는 밥 한 숟가락을 떠서 그 위에 매콤한 배추 속 쌈을 얹어 콩두에게 들이밀었어요. 콩두는 눈 딱 감고 받아 먹었어요. 하지만 생김치의 알알한 매운맛을 견디지 못하고 그만 홱 뱉어 버리고 말았어요.

아이쿠! 이를 어쩌나. 그 모습을 본 묵은지 할머니가 몹시 성이 나서 눈을 부라렸어요.

"아니, 이 배추 속 쌈이 얼마나 고소한데, 그거 한 입 덥석 못 먹는 녀석이 어디서 감히 내 귀한 김치를 얻으러 와?"

"할머니, 저 원래 김치 못 먹어요. 하지만 제발 성내지 마시고 묵은지 한 단지만 주세요."

"국물도 없으니 냉큼 물러가거라!"

나는야 김치특공대

 묵은지 할머니에게 쫓겨난 콩두는 군동내 근처 너럭바위에 벌렁 드러누웠어요. 벌써 해가 뉘엿뉘엿 지려고 해요. 미래의 콩두가 애타게 기다릴 걸 생각하니 가슴이 답답해졌어요.

 어떻게 해야 할머니 마음을 돌릴 수 있을까요. 어떻게든 묵은지를 얻어 가야 하는데 아까는 왜 그런 실수를 했을까요. 다시 찾아가서 김치를 먹겠다고 해 볼까요? 아니에요. 김치의 매운맛이며 묵은지 할머니의 성난 눈썹은 생각만 해도 겁이 나서 몸이 움찔거려요.

 "네 이놈! 김치 한 쪽도 꿀꺽 못 먹는 이 메주콩 두부야, 어디 있느냐!"

묵은지 할머니의 목소리였어요. 콩두는 벌떡 일어나 달려갔습니다.

"네, 할머니! 저 여기 있어요."

묵은지 할머니는 아직 성이 가시지 않은 얼굴로 콩두를 마당에 불러들였어요. 한 손에는 오색 보자기로 단단히 여민 꾸러미를 들고 있었어요.

"내가 네 녀석이 미래 어쩌고저쩌고하면서 아픈 어린이들을 돕는다는 말만 안 했어도 다시는 안 보려고 했다."

콩두는 입을 꾹 다문 채 할머니 앞에 머리를 조아리고 서 있었어요.

"정말 묵은지가 필요한 게냐?"

이 말에 콩두가 고개를 바짝 쳐들고 크게 주억거렸어요.

"그렇다면 내 심부름을 좀 해다오."

"무슨 심부름인데요?"

"김치를 좀 갖다 주고 오너라. 급하게 내 김치가 필요한 사

람들이 있어."

"그 사람들이 누군데요?"

묵은지 할머니는 낡은 이름표 하나와 빳빳하게 기름 먹인 지도 한 장을 콩두의 손에 쥐어 주었어요.

김치에 깃든 정성과, 김치의 우수한 영양과, 김치의 새로운 맛과, 김치의 탁월한 멋을 알리기 위해 당신을 자랑스러운 김치특공대로 임명합니다. 당신은 어려움이 있는 곳이면 어디든 씩씩하게 달려가서 김치의 힘으로 그들을 어려움에서 구해 주어야 합니다. 단, 순수한 우리 김치가 아닌 다른 어떤 음식이나 화학약품을 함부로 사용해서는 안 됩니다.

누군가 오래 지니고 다녔는지 김치특공대원증은 모서리가 닳아 있었습니다. 하지만 가슴에 대어 보니 은근히 멋졌어요. 그런데 지도에 나오는 이 이상한 이름의 마을들은 정말 있는 걸까요?

"할머니, 그런데 왜 이걸 저에게 주시죠?"

"그럼 여기에 너 메주콩 두부 말고 내 심부름을 할 사람이 누가 있기나 하더냐? 사방에서 김치가 없어서 난리가 났다니 내가 가만히 있을 수가 있어야지. 지도를 잘 보고 똑바로 찾아가도록 해라."

"그럼 제가 김치특공대원이 되는 거예요?"

"김칫독 세 개를 꾸리긴 했는데 어떤 김치가 어느 마을에 필요한 건지 나도 기억이 잘 안 나. 흠, 김치는 밑간이 잘 들어야 제 맛인데…… 밑간은 잘 들었는지…… 푸른 주머니는 아플 때 쓰고 붉은 주머니는 힘이 다 떨어지면 쓰고. 흠, 김치는 밑간이 잘 들어야 제 맛인데 말이야. 더 늦기 전에 서둘러 떠나!"

묵은지 할머니는 콩두의 가슴에 보따리를 떠안기더니 알 듯 모를 듯한 소리를 중얼대며 절인 배추가 가득 쌓인 뒷마당으로 되돌아가 버렸어요.

콩두는 할머니가 안겨 준 보따리를 끌러 보았습니다. 그 안에는 케케묵은 종이 냄새가 풍기는 낡은 책 한 권과 통통한 애

호박만 한 꼬마 김칫독 세 개, 푸른 무명주머니 하나와 붉은 무명주머니 하나가 각각 들어 있었어요. 낡은 책 표지에는 '김치의 모든 것'이라고 쓰여 있었습니다. 콩두가 모르는 김치의 비밀이 모두 담겨 있는 책인가 봐요. 꼬마 김칫독에 둘러진 하얀 비단 매듭에는 김치 이름만 적혀 있었습니다.

"한 마을에 하나씩, 더덕김치, 열무 물김치, 배추김치. 이게 다 뭐야?"

아무튼 콩두는 날아갈 것같이 기분이 좋아졌습니다. 김치특공대라니…… 말만 들어도 멋지지 않나요. 콩두는 묵은지 할머니가 주신 보따리를 잘 여며 등에 지고 길을 떠났습니다.

⚽ 축구공이 무서운 겁나 마을

생각보다 먼 길이었어요. 닷새를 걸어도 지도에 나오는 갈림길은 보이지 않았습니다. 콩두는 낮에는 군동내를 따라 열심히 걷고 밤에는 달빛 아래에서 《김치의 모든 것》을 읽었어요. 아무래도 이러다가는 얼마 안 있어서 김치도사가 될 것 같아요.

콩두는 심심하거나 지칠 때면 김치특공대 대원 암호를 혼잣말로 외웠어요.

"곰취김치 섞박지 곤달비김치 백김치 고들빼기 동치미 디히다 지히얍 만만세! 야!"

이 말을 외우면 신기하게도 기운이 절로 났습니다. 암호에 나오는 김치들이 어느 지방의 김치인지도 술술 꿰게 되었고, '디히'와 '지히' 모두 김치의 옛말이라는 것도 알게 되었어요. 무엇보다 세 가지 김칫독의 김치에 대해서는 더 열심히 공부했어요. 어느 마을에 어떤 김치를 주어야 할지 아직은 잘 모르겠지만, 그 김치들만큼은 어떤 특징이 있는지 더 잘 알고 있어야만 실수하지 않을 것 같았거든요.

드디어 첫 번째 갈림길에 닿았어요. 왼쪽으로 가면 '겁나 마을'입니다. 마을 입구에 커다랗게 '여기서부터 김장군 매우면 겁나리. 용감한 분을 환영합니다.' 라고 쓰여 있었어요.

겁나리는 조용한 산골 마을이었습니다. 마을 어귀에서부터 계곡을 따라 아담한 집 수십 채가 듬성듬성 모여 앉아 있었어요. 씀바귀며 참나물이며 산갓이 곳곳에 널려 자라고 있어서 바구니를 들고 부지런히 뜯기만 하면 언제든 싱싱한 산나물을 먹을 수 있는 복 받은 땅이었어요. 그런데 이 마을 사람들은 왜 묵은지 할머니에게 SOS 신호를 보낸 것일까요? 그나저나 마을 사람들은 모두 다 어디로 가 버린 것일까요?

콩두가 골목골목을 한참 돌아다녔지만, 길에는 한 사람도 보이지 않았습니다.

"어디들 계세요?"

미닫이문 하나가 슬그머니 열리려다가 다시 '쿵' 닫혔습니다. 콩두는 다짜고짜 그 집에 들어가 보기로 했습니다.

아니나다를까, 그 집 마루에는 온 마을 사람들이 한데 모여 앉아 있었어요.

"왜 모두 여기에 계신 거예요?"

"창피해서요."

개미 소리처럼 아주 작은 목소리로 마을 젊은이 한 사람이 입을 열었습니다.

정말 집 안에 모인 사람들은 모두 풀이 잔뜩 죽은 얼굴이었습니다.

어르신 한 분이 한가운데 놓인 신문을 슬그머니 이쪽으로 밀어 주었습니다. 콩두는 얼른 신문에 쓰인 기사를 읽어 보았어요.

겁나 마을 축구단 산골 마을 축구대회에서 신나 마을에 20:0으로 크게 지다!

겁나 마을 주장: 끝까지 뛸 수 있을지 걱정이 되어 축구화 끈을 매는 것도 두려웠습니다.

겁나 마을 응원단: 우리 축구단은 좀 더 독한 마음을 가져야 해요.

겁나 마을 감독: 선수들이 공을 무서워하는 바람에 작전을 펼칠 수 없었습니다.

신나 마을 주장: 선수들이 겁 없이 달릴 수 있는 힘과 배짱을 키워야 되지 않겠습니까?

신문 기사를 보자마자 콩두는 크게 웃었습니다. 지금까지 20 대 0으로 끝난 축구 경기는 단 한 번도 본 적이 없었거든요. 온 마을 사람들이 부끄러워하면서 대책을 마련할 만도 하다는 생각이 들었습니다.

"그래서 말씀인데요, 우리가 왜 이렇게 겁이 많은지 생각해 보았습니다."

겁나 마을 축구단 주장이 말했어요.

콩두도 그것이 정말 궁금했습니다. 축구화 끈을 매는 것도 무서운 축구 선수들이라니…… 너무 마음이 약한 게 아닌가요. 그런데 주장의 말은 정말 뜻밖이었습니다.

"저희들은 조금이라도 겁나거나 아픈 일은 절대 안 해요."

그 말에 콩두도 뜨끔했습니다. 콩두도 마찬가지니까요. 지난번에 건강검진을 할 때도 피를 뽑지 않겠다고 울고불고했거든요. 하지만 그 말을 듣자 콩두에게 퍼뜩 떠오르는 것이 있었습니다. 바로 콩두가 이 곳에 온 이유가 생각난 거죠.

"김치를 먹어 보면 어때요? 아주 매운 걸로!"

"네? 김치요?"

겁나 마을 사람들은 모두 머리를 설레설레 가로저었습니다. 그리고 한 목소리로 말했어요.

"너무 맵잖아요!"

김치를 한 입 먹으면 혓바닥에 불이 나는 것 같다는 둥 고춧가루는 입술을 얼얼하게 만들어서 아프게 한다는 둥 마늘을 먹으면 매워서 눈물이 난다는 둥 이런저런 투덜거림이 나왔습니다. 하지만 콩두는 분명하게 말할 수 있었어요.

"김치 속에 들어 있는 고춧가루는 운동 선수들에게 단단한 마음가짐을 키워 줍니다. 더 씩씩하고 용감하게 만들어 준다고요."

고춧가루에는 캡사이신과 비타민 C가 듬뿍 들어 있습니다. 이 두 영양소는 지구력을 키워 주고 대담한 정신력을 갖게 해 준다고 합니다.

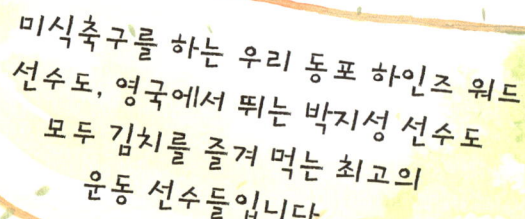

미식축구를 하는 우리 동포 하인즈 워드 선수도, 영국에서 뛰는 박지성 선수도 모두 김치를 즐겨 먹는 최고의 운동 선수들입니다.

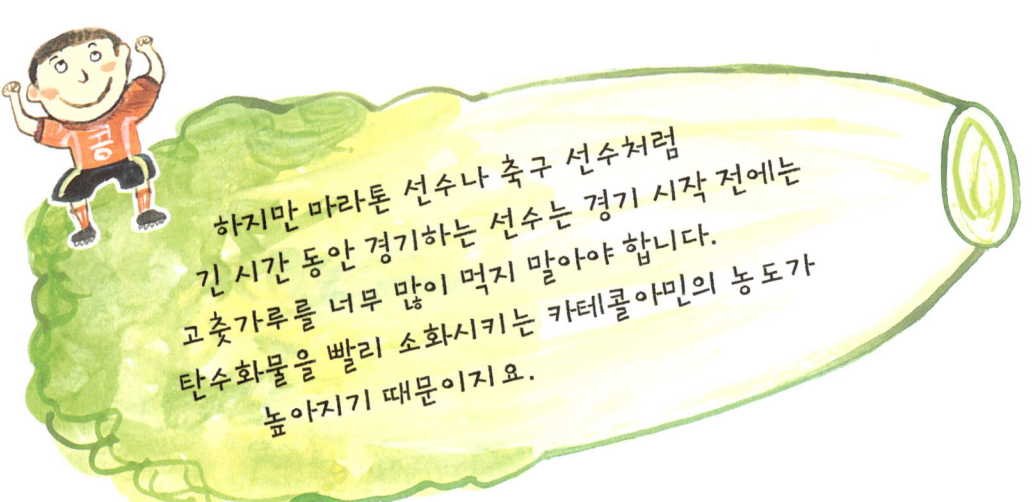

하지만 마라톤 선수나 축구 선수처럼 긴 시간 동안 경기하는 선수는 경기 시작 전에는 고춧가루를 너무 많이 먹지 말아야 합니다. 탄수화물을 빨리 소화시키는 카테콜아민의 농도가 높아지기 때문이지요.

겁나 마을 사람들은 반은 믿고 반은 의심하는 눈초리였어요. 콩두는 보따리를 열고 세 가지 김칫독 가운데 하나를 열어 '더덕김치'를 꺼냈습니다.

겁나 마을의 축구 선수들이 먹고 마음의 힘과 용기를 기를 수 있도록 말이죠.

겁나 마을 사람들은 너도나도 콩두에게 고마워했습니다. 겁나 마을 축구 선수들은 매콤한 더덕 김치를 잔뜩 담아서 다음 경기 때까지 꾸준히 먹겠다고 다짐했어요.

"꼭꼭 씹어 봤더니 별로 맵지도 않아!"

땀을 뻘뻘 흘리며 더덕김치를 맛본 겁나 마을 선수들이 너도나도 이렇게 말했습니다.

"다음에 신나 마을 선수들을 이기게 되면 그 때 꼭 와요!"

겁나 마을 선수들은 그 때가 오면 반드시 콩두를 불러서 김치 잔치를 열기로 했습니다. 아주 성대한 김치 잔치를 말이죠.

참! 겁나 마을 사람들에게 딱 한 가지는 비밀이에요. 정작 콩두는 아직 매운 김치를 잘 못 먹는다는 사실 말이에요. 쉿!

꺼윽~ 냄새 나는 트림나 마을

첫 번째 임무를 마치고 콩두는 부쩍 자신감이 커졌습니다. 콩두는 지도에 나온 두 번째 마을인 '트림나 마을'로 향했습니다. '트림나 마을까지 앞으로 300M'라고 적힌 표지판 앞에 이르자, 더욱 종종걸음을 쳤습니다. 이 마을의 문제는 과연 무엇일까 궁금해서 참을 수가 없었기 때문이지요. 바로 그 때 길 모퉁이의 곰바위 뒤에서 쭈그리고 앉아 있는 어린 아이 하나를 만났습니다.

"안녕!"

아이는 이마를 잔뜩 찌푸리고 콩두를 한 번 쏘아보더니 인사를 받기는커녕 어서 지나가라는 듯이 손을 내저었습니다.

"이리로 곧장 가면 트림나 마을 맞니?"

아이는 고개를 끄덕이면서 여전히 온 얼굴에 힘을 잔뜩 주고 있었습니다. 콩두가 가까이 다가가서 이야기를 나누려고 하자, 아이는 소리를 버럭 질렀습니다.

"뭘 봐요? 지금 겨우 나흘 만에 막 누려고 하는 참이란 말이에요!"

그 때, '피식' 하고 방귀 소리가 새어 나왔습니다. 저런, 콩두가 아이의 응가를 방해한 모양이에요.

"미안, 정말 미안해!"

콩두는 머쓱해서 바삐 아이 곁을 떠났습니다. 그런데 이상한 생각이 들었어요.

'어떻게 나흘 만에 처음으로 응가를 한다는 거지? 나는 하루만 싸지 않아도 뱃속이 팽팽하고 기분이 좋지 않은데……'

그러는 사이에 콩두는 어느 새 트림나 마을에 이르렀습니다. '트림나 마을'이라는 커다란 표지판 옆에는 잎이 무성한 오리나무가 바람에 흔들리고 있었습니다. 바로 그 때였어요. 산이 무너지고 댐이 터지는 것 같은 큰 소리가 들려왔습니다.

"꺼어억!"

고약한 냄새가 코를 찔렀습니다. 콩두는 숨도 못 쉴 지경이 되어 나뭇잎으로 코를 틀어막고 발을 동동 굴렀습니다.

"미안해요. 우리 동네 사람이 아닌 것 같네. 놀랐지요?"

오리나무 곁에서 책가방을 들고 서 있던 곱게 생긴 누나가 손으로 입을 가리며 말했습니다.

"누나! 방금 그 큰 소리는 어디서 난 거예요?"

그 말을 듣자, 누나의 얼굴이 벌게졌습니다. 그 때, 다시 한 번 엄청나게 커다란 울림이 들려왔어요.

"꺼어억! 끄윽! 꺽!"

이번에는 마을 안쪽에서부터 들려오는 소리였습니다. 한꺼번에 여러 군데에서 연달아 터져 나오는 소리였어요. 이 고약

한 냄새와 이상한 소리의 정체는 무엇일까요?

'아! 혹시 이 소리가……?'

콩두도 소리의 정체를 깨닫자 얼굴이 벌게졌습니다.

"맞아요. 지금 학생이 들은 소리는 모두 트림 소리예요."

"세상에서 이렇게 커다란 트림 소리는 처음 들어 봐요."

"이렇게 많은 사람들이 한꺼번에 트림을 하고 다니는 것도 아마 처음 보았을걸요."

누나 말이 맞습니다. 콩두도 가끔 상한 음식을 먹거나 오랫동안 자동차를 타면 뱃속이 울렁거리면서 트림을 했어요.

소화가 잘 안 되면 뱃속이 거북해지면서 트림이 자꾸 나옵니다. 콩두네 사촌동생은 젖을 먹고 나면 항상 트림을 했지요. 아기는 소화기관이 발달하지 않아서 그렇다고 이모가 말해 준 적이 있었어요.

"어찌 된 일인지 우리 동네 사람들은 어른이든 아이든 뭘 먹어도 소화가 잘 안 되는 편이에요. 자꾸 트림을 해도 속이 편하지 않고 똥도 시원하게 누지 못해서 다들 걱정이 많아요. 점점 큰 소리로 트림을 해 보는데도 나아지질 않네요. 이렇게 지낸 지가 벌써 몇십 년째인지, 원."

왕트림을 하는 누나는 정말 걱정스러운 얼굴이었습니다.

"아하! 신 김치 국물!"

콩두는 묵은지 할머니가 왜 이 마을에 자기를 보냈는지 단번에 알 수 있었습니다. 콩두도 뱃속이 불편할 때면 항상 김치 국물을 마셨어요. 콩두가 체한 날이면 증조할머니가 항상 "콩두 속 편히 내려 주게 김치 국물 가져와라!"라고 소리치셨거든요.

"누나 집에는 김치 국물 없어요?"

"김치? 냄새가 시큼해서 우리 마을 사람들은 아무도 안 담가 먹은 지 오래 된 걸요."

콩두는 무릎을 탁 쳤습니다. 그리고 보따리를 끌러 왕트림을 하는 누나에게 '열무 물김치' 항아리를 건네주었어요. 그때 아까 곰바위 뒤에서 똥을 누던 아이가 비비적비비적 걸어오는 게 보였습니다.

"너도 여기 와서 이것 좀 먹어 봐! 열무김치에는 섬유질이 많아서 똥이 쑥쑥 잘 나오게 도와 준대."

"이걸 먹으면 정말 똥이 잘 나온단 말이야?"

"속도 시원하게 내려간다니까요, 누나. 잘 익은 김치에는 우리 뱃속을 편하게 해 주는 유산균이 1억 마리나 살아요. 몰랐죠?"

누나는 콩두가 건네주는 시원한 열무 물김치 국물을 쭉 들이켰습니다. 아이도 열무 물김치를 건더기까지 꼭꼭 씹어 먹었어요.

콩두는 김칫독을 잘 닫아 누나에게 건네주면서 열무 물김치 담그는 법도 꼼꼼히 일러 주었습니다.

"이대로 잘 담가서 마을 사람들과 나누어 드세요. 아마 더 이상 왕트림 소리는 들리지 않을 거예요."

"형아, 고마워!"

"다음에 만나면 응가 쑥쑥 해 버리고 같이 놀기야. 알았지?"

콩두는 트림나 마을이 이제 다른 이름으로 바뀔지도 모르겠다는 생각을 했습니다. 앞으로는 고약한 왕트림 소리가 점점 사라질 테니까요. 김치의 힘이 얼마나 대단한지…… 콩두는 김치특공대가 된 것이 더없이 자랑스러웠어요.

김치에 들어 있는 유산균은 1,000마리를 삼키면 몸 안에서 1억 마리 정도로 불어날 만큼 씩씩하고 활기찹니다. 다른 유산균은 우리 몸의 위장을 통과하면서 대부분 힘이 없어져 버리지만, 김치의 유산균은 긴 뱃속여행을 하는 동안에도 잘 살아남아 장까지 간답니다. 유산균이 김치 잎사귀와 줄기의 세포 속에 꼭꼭 스며들어 있기 때문이지요. 그래서 우리가 먹은 음식이 잘 소화되어 건강한 똥으로 나올 수 있도록 도와 줍니다. 소화가 안 되는 음식 때문에 몸 안에서 생기는 나쁜 가스도 없애 주고요.

급하다 급해, 못참나 마을

지도를 보고 콩두가 찾아갈 다음 마을은 산 너머에 있는 못참나 마을이었습니다. 콩두는 이름만 들어도 웃음이 나와서 찾아가는 내내 키득키득 웃었어요.

'뭘 얼마나 못 참기에 마을 이름이 못참나 마을이람.'

콩두의 엄마는 늘 콩두에게 참을성이 부족하다고 야단을 치곤 했지요. 잠시도 못 기다리고 늘 보챈다는 거였어요.

식당에 가면 "밥이 왜 빨리 안 나와?", 텔레비전을 켜면 "왜 아직도 만화 안 해?", 하다못해 우유팩을 따면서도 "이거 빨

리 안 따져. 엄마가 따!"라고 말하면서 밀어 놓기 일쑤였으니까요.

'나 같은 애들이 많이 있나 봐.'

콩두는 못참나 마을 사람들을 만나면 친구처럼 느껴질 것 같아 기대가 되었어요. 한결 가뿐해진 보따리를 들고 겅중겅

중 뛰어가는데도 좀 더 빨리 도착하고 싶어 못 참겠는 거예요. 무릎도 아프고 마음도 급해졌어요.

　그 때 마침 덜거덕덜거덕 콩두 곁을 지나가는 달구지가 하나 있었어요.

　"저 좀 태워 주시면 안 되나요?"

달구지를 몰던 아줌마는 느릿느릿 말을 세우더니 씨익 웃기만 했어요.

"못참나 마을에 가는 길인데 빨리 가고 싶어서 그래요."

아줌마는 천천히 달구지에서 내리더니 콩두의 보따리를 뒤에 옮겨 실었어요. 그리고 이렇게 말했습니다.

"우리 마을에 오다니 정말 반가워요. 그런데 내 달구지가 그렇게 빨리 갈 것 같지는 않은데."

"어디 들렀다 가실 건가요?"

"아니, 그런 건 아니고 감꽃이 워낙 좋은 날이라 구경 좀 하면서 가려고."

"감꽃이요?"

콩두는 감꽃이 어떻게 생긴 꽃인지 몰랐지만 별로 궁금하지도 않았어요. 어서 못참나 마을로 들어가 다음 김치를 열어 전해 줄 생각만 가득했습니다.

하지만 달구지 아줌마는 얼마나 더디게 달구지를 모는지 콩두의 가슴이 턱턱 막힐 지경이었어요.

"아줌마, 조랑말은 빠른 동물 맞죠?"

"그럼. 풀밭에 풀어놓기만 해 봐. 제 마음이 움직이면 번개처럼 내달리지."

"그런데 아줌마네 조랑말은 왜 이렇게 느려요?"

"지금 감꽃을 구경하느라 그렇지."

조랑말이 무슨 감꽃을 구경한다는 건지 도통 이해할 수가 없었어요. 또각또각 조랑말의 발소리는 감꽃이 흐드러지게 핀 나무 아래를 지날 때면 더 느려지는 것 같기도 했어요. 콩두는 더 이상 참을 수가 없었어요.

"아줌마는 빨리 가고 싶지 않아요?"

"빨리 가고 싶지. 그러기에 더더욱 천천히 가려고 애쓰는 중이야."

콩두는 달구지 아줌마의 말에 고개를 갸웃거렸습니다. 달구지 아줌마가 못참나 마을 이야기를 들려주기 전까지는 더 느려지려고 한다는 아줌마의 마음을 알 수 없었으니까요.

못참나 마을 사람들은 세상 어떤 마을 사람들보다 일을 잘 했어. 그래서 다른 마을에서 할 일도 도맡아 하곤 했지. 아침부터 밤늦게까지 일을 했지만 늘 시간이 모자랐어. 처음에는 잠자는 시간을 줄였지. 다음에는 화장실 가는 시간을 줄였고. 그래도 시간이 모자라서 아예 먹는 시간까지 줄이기로 했어. 아침과 저녁, 두 번만 앉아서 먹고 점심은 서서 먹기로 결정한 거야. 그래서 서서 빨리빨리 먹어치울 수 있는 음식을 많이 만들었어. 서서 먹을 수 있는 국수, 서서 먹을 수 있는 밥, 서서 먹을 수 있는 찌개, 서서 먹을 수 있는 튀김.

하지만 그래도 시간이 모자랐어. 사람들은 그 음식들이 나오는 시간을 더 줄일 수 없냐고 아우성이었단다. 식당에서도 더 빨리 음식을 만들어 내는 주방장에게 상을 주었어. 이제 못참나 마을 사람들은 어떤 음식을 먹든 잠시도 못 참아. 빨리 만들어서 빨리 먹고 일하러 가고 싶어하기 때문이지. 나는 그런 빨리빨리 타령이 싫어서 하루 종일 마을 밖을 떠돌며 지낸단다.

"그럼, 먹으면서 서로 이야기도 안 해요?"

"이야기할 시간이 어디 있니? 빵 봉지 벗기는 시간도 더 줄이려고 요즘은 빵과 함께 씹어먹을 수 있는 간편 빵 봉지를 만들었단다."

콩두는 못참나 마을 사람들이 안타깝게 여겨졌습니다. 콩두도 빨리 먹고 놀러 가는 걸 좋아하기는 하지만, 느긋하게 근사한 밥상을 둘러보며 한 가지 한 가지 씹어먹을 때면 저녁밥이 얼마나 맛있었는지 몰라요. 콩두가 지금 못참나 마을에 가는 이유도 어쩌면 그 사람들에게 참고 먹으면 더 맛있는 느림보 음식을 전해 주기 위해서가 아닐까요?

생각이 여기에까지 미치자, 콩두는 보따리 속에 남아 있는 마지막 김치가 떠올랐습니다.

"아줌마, 혹시 배추김치 드셔 본 적 있으세요?"

"김치? 네가 그런 옛 음식을 어떻게 아니? 요즘은 김치를 담가먹을 시간이 없어서 못 먹는다만, 내가 너만 했을 때에는 잘 먹었지. 할머니가 담가 주신 배추김치는 밑간이 잘 배어나서

짜지도 무르지도 않고 얼마나 아작아작 맛있었는데……. 쭉 찢어서 물 말은 쌀밥 위에 얹어 먹으면 정말 끝내 주게 맛있었단다."

"잘됐네요. 제가 어떤 할머니께 받은 배추김치가 있는데요, 아주머니께 드릴게요. 못참나 마을에 있는 어린 친구들에게도 나눠 주세요."

콩두는 얼른 보따리 속의 배추김치 항아리를 꺼내어 열어 보았습니다. 그런데 이게 웬일인지 항아리 뚜껑을 열자, 새콤한 냄새가 코를 찔렀습니다.

"앗! 원래 잘 익은 배추김치를 가져왔는데 제가 이 동네 저 동네 다니는 사이에 묵은지가 되었나 봐요. 많이 새콤할 텐데 묵은지도 괜찮을까요?"

"더 좋지. 곰삭아서 묵은지가 되면 더욱 제 맛이 나는 게 배추김치 아니니. 몸에도 더 좋고. 우리 마을 사람들은 그런 삭힌 음식을 잊은 지 오래 되었어. 발효 음식을 기다려서 먹어야 한다는 건 그 사람들에게 너무 고통스러운 일이거든."

"이 묵은지를 가져다 맛보여 주세요. 생각이 바뀔지도 모르잖아요. 참고 기다려야 이렇게 맛있는 걸 먹을 수 있구나 할 수도 있겠죠?"

"어디 나부터 한번 맛 좀 보자. 으음…… 이게 얼마 만이냐."

콩두가 오랫동안 배추김치를 들고 돌아다닌 사이에 김치는 정말 폭 삭아서 아주 잘 익은 맛이 되었습니다. 갓 익어도 맛있지만 발효되면 될수록 새롭고 깊은 맛이 나는 것이 배추김치입니다.

콩두도 용기를 내어 한 입 먹어 보았습니다. 그런데 어쩐 일인지 약간 맵기는 했지만 씹을수록 입에 침이 고이는 구수한 맛이 느껴졌어요.

"와, 제가 원래 김치를 잘 못 먹었는데 이제 김치가 술술 잘 넘어가요."

"얘야, 이건 보통 보물이 아니다. 내가 못참나 마을에 들어가서 어린 아이들부터 이 묵은지를 먹여야겠다. 오래 기다려서 만든 음식의 맛을 아이들이 알아야 못 참는 병이 사라질 것 아니냐."

"양이 너무 적어서 어쩌죠?"

"괜찮아. 배추김치 담그는 법은 다행히 내가 예전에 우리 할머니께 받아 적어 둔 것이 있단다. 아이들이 먹겠다고만 하면 내가 배워서라도 맛난 배추김치를 열심히 담가 줄 테야."

콩두는 달구지 아줌마와 헤어지면서 몇 번이고 손을 흔들었습니다. 못참나 마을 사람들도 이제 콩두가 전해 준 김치를 먹고 느림보 음식의 제 맛을 알게 되겠지요?

다녀왔습니다

이제 콩두의 보따리 안에 남은 것은 푸른 무명주머니 한 개와 붉은 무명주머니 한 개뿐이었어요. 아프거나 피곤하고 힘들 때 먹으라고 묵은지 할머니가 넣어 준 주머니였지요.

임무를 마친 콩두는 온몸이 쑤시고 아파서 묵은지 할머니 집까지 걸어갈 기운이 없었어요. 지금이야말로 두 개의 주머니를 열어 볼 때라고 생각했습니다.

'펑!'

먼저 푸른 주머니를 열자, 그 안에서 마늘 동자가 나왔어요. 육쪽마늘 모양의 얼굴을 가진 마늘 동자는 콩두의 어깨와 팔

다리를 꾹꾹 주물러 주면서 긴 여행을 하느라 다친 온몸 구석구석의 상처를 말끔히 고쳐 주었어요.

"제가 다녀가고 나면 병균 따위는 얼씬도 못 할 거예요."

마늘 동자는 이 한 마디를 남기자마자 주머니 속으로 사라졌어요.

'짠!'

이번에는 붉은 주머니를 열자, 고추 동자가 나왔어요. 잘 익은 태양초 고추 모양의 고추 동자는 콩두의 피로를 싹 씻어 주는 비타민 물약을 온몸에 발라 주었어요. 콩두는 정신이 번쩍 들었습니다. 눈도 환하게 맑아지고요.

"제가 다녀가고 나면 기운이 펄펄 날 거예요."

고추 동자도 마늘 동자처럼 이 한 마디를 남기고 주머니 속으로 사라졌어요.

콩두는 마늘 동자와 고추 동자의 도움 덕분에 훌쩍훌쩍 뛰어서 마침내 묵은지 할머니 댁으로 돌아왔습니다. 묵은지 할머니는 여전히 뒷마당에서 배추 간을 보고 있었어요.

"음, 김치는 밑간이 잘 되어야 제 맛인데……. 아! 네 녀석이 돌아왔구나."

콩두는 묵은지 할머니께 텅 빈 보따리를 보여 드리고 그 동안 있었던 즐거운 여행에 대해 이야기했어요. 묵은지 할머니는 껄껄껄 웃음을 감추지 못했어요.

"내가 사람을 제대로 보긴 본 모양이구나. 잘했다. 그래, 네가 필요한 게 무엇이라고 했지?"

"묵은지 한 단지요. 아주 오래 푹 잘 익은 걸로요!"

묵은지 할머니는 집 안에서 가장 오래 된 커다란 김칫독을 열어 그 밑에서 '가장 오래 푹 잘 익은 묵은지'를 꺼내어 단지에 담아 주었어요.

콩두는 서둘러 군동내를 거슬러 올라갔습니다. 군동내의 끄트머리에 이르자, 처음에 콩두가 들어왔던 김칫독 밑바닥이 반쯤 열려 있었습니다.

끼··········익

　　콩두가 돌아온 김칫독 속에는 김치 누름돌이 처음보다 더 빨갛게 빛나고 있었어요. 아무래도 미래의 콩두네가 더 큰 어려움을 겪는 모양이에요. 콩두는 묵은지 단지를 누름돌 위에 올려 놓았습니다. 그러나 묵은지 단지는 꿈쩍도 하지 않았어요.

　"어떻게 해야 하지?"

　김치 누름돌이 더 빨리 번뜩였어요. 마음도 급해졌어요. 그때 번개처럼 머리를 스쳐가는 암호가 있었습니다.

　"곰취김치 섞박지 곤달비김치 백김치 고들빼기 동치미 디히다 지히얍 만만세! 야!"

김치특공대의 암호를 외우자, 묵은지 단지가 단숨에 누름돌 안으로 빨려들어갔습니다. 김치 누름돌은 회갈색의 누름돌 모양으로 되돌아왔고요.

"콩두야!"

콩두 엄마가 콩두를 부르는 소리가 들립니다. 콩두는 잽싸게 김칫독 뚜껑을 열고 자신있게 밖으로 나갔습니다. 엄마는 김칫독 앞에서서 숟가락과 밥그릇을 들고 콩두를 노려보고 있었습니다.

"너, 김치에 밥 안 먹으면 어떻게 된다고 했지?"

"키도 마음도 안 자라지요!"

콩두는 엄마의 손에서 숟가락을 빼앗아 깍두기가 얹힌 밥 한 숟가락을 꿀꺽 삼켰습니다. 엄마는 눈이 휘둥그레져서 콩두를 바라보았습니다.

"나는 이제 김치특공대 대장이라고요. 앞으로 김치 없으면 밥 안 먹어요! 곰취김치 섞박지 곤달비김치 백김치 고들빼기 동치미 디히다 지히얍 만만세! 야!"

콩두는 이렇게 외치고 놀이터로 신나게 달려나갔습니다.

열무 물김치!

깍두기!

김치! 스파게티!

총각김치!

동치미!

오이소박이!

1. 나에게 맞는 김치 찾아가기

▼ A, B, C, D 중 하나를 선택하고 출발!　━━ 예　━━ 아니오

A 김치를 먹으면 너무 매워서 입 안이 얼얼하고 눈물이 나요.

배나 사과처럼 사각거리는 과일이 들어 있는 김치가 좋아요.
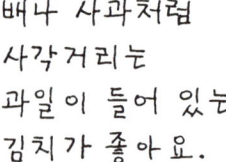

B 김치에서 나는 비릿한 맛이 싫어요.

국물을 떠먹을 수 있는 김치가 좋아요.

C 젓가락질을 잘 못하는데 김치가 길어서 찢어 먹기 힘들어요.

D 김치가 질겨서 씹기 힘들어요.

김치 잎사귀에 고기를 얹어서 싸 먹는 것을 좋아해요.

나에게 맞는 김치는 어떤 것일까?
내 입맛에 맞는 내 김치를 찾아 따라가다 보면 '아! 이런 김치도 있구나' 하는 사실에 새삼 놀라게 될 거예요. 그럼, 김치의 새로운 맛을 찾아 출발!!

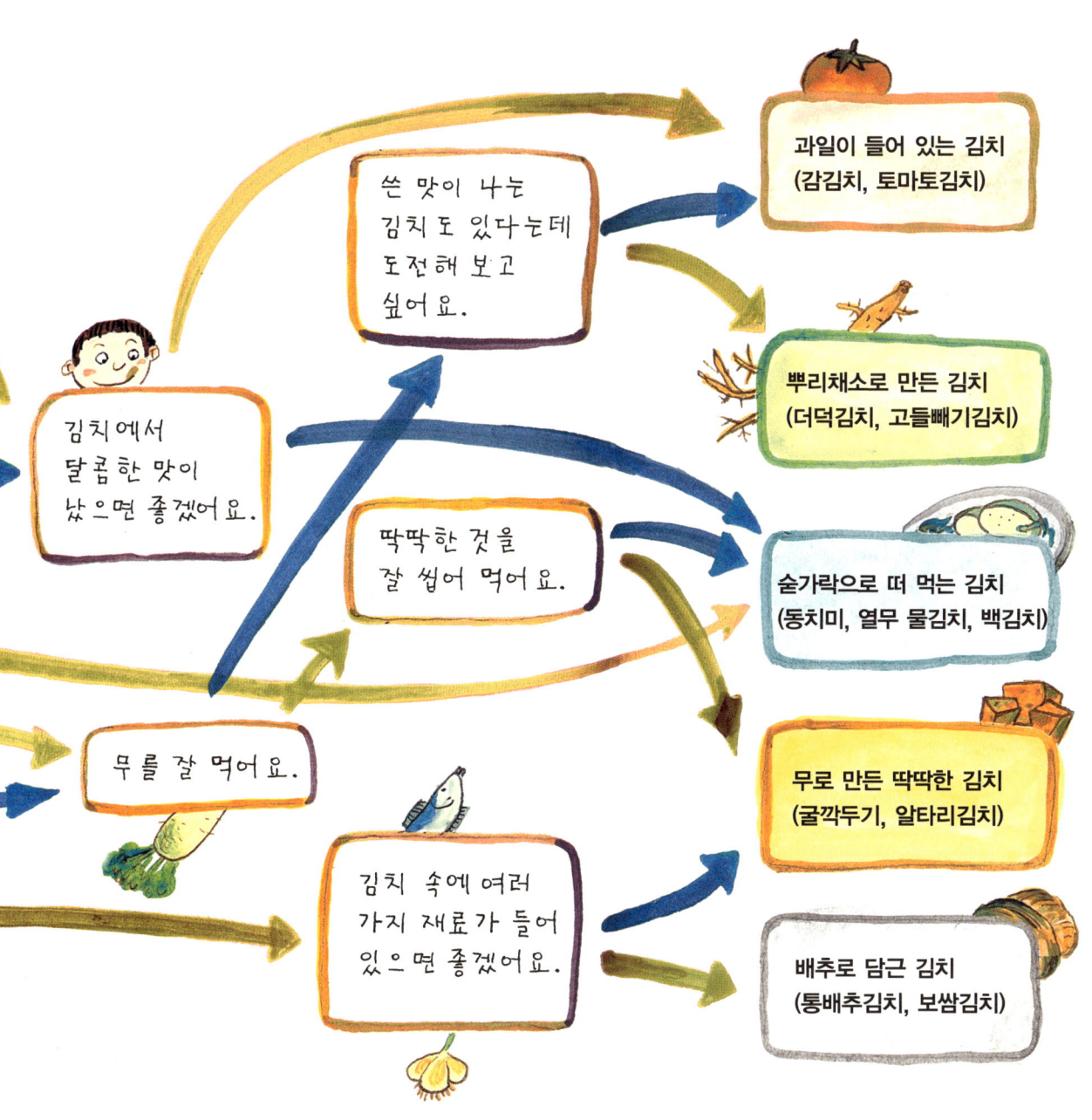

# 2. 냠냠! 맛있는 김치 요리 만들기

라면 김치 피자

주 재료 라면, 식용유, 밀가루, 청피망, 홍피망, 양파, 햄, 베이컨, 양송이버섯, 피자치즈, 볶은 김치
피자 소스 재료 다진 양파, 마늘, 토마토케첩, 육수, 소금, 후춧가루, 오레가노, 버터

① 식용유를 넣고 삶은 라면을 프라이팬에 구워 줍니다.
② 다진 양파를 볶다가 김치를 넣고 볶은 뒤, 후춧가루를 넣습니다.
③ 피자 소스 만들기_ 팬에 버터와 다진 마늘, 양파, 토마토케첩을 넣어 잘 볶은 뒤, 육수와 오레가노, 소금을 넣어 걸쭉하게 끓입니다.
④ 피자 팬에 ①을 넣고 소스를 위에 바른 뒤, 햄, 베이컨, 양파, 볶은 김치, 양송이를 담고 피자치즈를 위에 골고루 뿌려 줍니다.
⑤ 200°C의 예열된 오븐에서 20분 정도 맛있게 구워 내면 맛있는 라면 김치 피자 완성!

김치 스파게티

주 재료 스파게티국수, 다진 쇠고기, 배추김치, 치커리, 방울토마토, 양파, 다진 마늘, 식용유
김치 소스 재료 토마토케첩, 청주, 설탕, 후춧가루, 육수

① 끓는 물에 식용유 1큰술을 넣고 스파게티를 20분간 삶아 건진 뒤, 면에 기름을 발라 둡니다.

② 쇠고기와 양파는 곱게 다지고, 배추김치는 양념을 털고 물기를 꼭 짠 다음 잘게 다집니다.

③ 프라이팬에 다진 마늘과 양파를 넣고 볶다가 고기와 김치도 넣어 함께 볶아 줍니다.

④ 김치 소스 만들기_ ③에 토마토케첩을 넣고 볶다가 육수를 붓고 청주, 설탕, 후춧가루를 넣어 걸쭉하게 끓이면 김치 소스가 됩니다.

⑤ 접시에 스파게티를 담고 김치 소스를 끼얹은 다음, 치커리와 방울토마토를 곁들이면 김치 스파게티 완성!

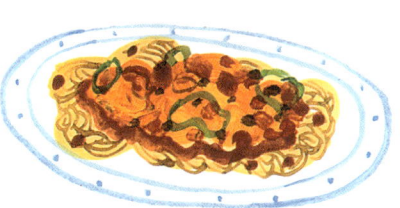

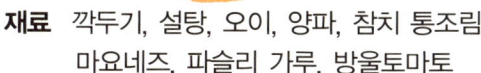

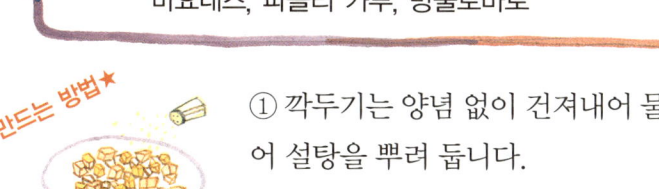

재료 깍두기, 설탕, 오이, 양파, 참치 통조림, 마요네즈, 파슬리 가루, 방울토마토

① 깍두기는 양념 없이 건져내어 물기를 빼고 1cm 크기로 작게 썰어 설탕을 뿌려 둡니다.

② 오이는 깍두기 크기로 썰어 두고, 양파는 굵게 다져서 물기를 꼭 짭니다.

③ 참치는 망에 쏟아 기름을 뺀 뒤, 눌러서 작게 나눕니다.

④ 샐러드 접시에 오이, 깍두기, 양파, 참치를 돌려가면서 보기 좋게 담습니다.

⑤ 그 위에 마요네즈와 파슬리 가루를 뿌리고, 방울토마토를 곁들여 담으면 깍두기 샐러드 완성!

3. 이것만 알면 나도 김치특공대!

우리도 콩두처럼 김치의 비밀을 알고 김치특공대가 되어 봅시다.
다음 다섯 가지 사실을 모두 기억하면 나도 씩씩한 김치특공대!

김치는 어떻게 생겨났을까요?

우리 조상들은 대대로 농사를 지으며 살았어요. 농사로 거둔 쌀, 보리 같은 곡식을 주로 먹었지요. 곡식에는 탄수화물이 많은데 탄수화물을 잘 소화시키려면 소금에 절인 야채를 함께 먹는 것이 좋습니다. 소금이나 식초로 절인 채소는 약 3천 년 전부터 먹었을 것으로 짐작하고 있어요. 그 후 삼국시대와 고려시대를 거쳐 김치의 종류가 다양하게 변해 왔어요.

그럼, 지금 우리가 먹는 김치와 가장 비슷한 김치는 언제쯤 생겨난 것일까요? 조선 후기 임진왜란 때입니다. 서양에서 우리 나라로 고추가 들어오면서 맵고 빨간 오늘날의 김치가 탄생하게 된 거죠. 매운 맛을 좋아했던 조선 사람들은 고추를 넣은 김치를 무척 좋아했어요. 고추의 매운맛은 젓갈의 비린 맛을 말끔하게 없애 주었답니다.

김치는 처음부터 이름이 김치였나요?

아니에요. 처음에는 '침채'라고 불렀어요. 그런데 점점 소리가 달라져 팀채, 딤채, 짐채가 되었다가 김채를 거쳐 지금의 '김치'에 이르게 된 거예요. 묵은지 할머니처럼 김치를 '지'라고 부르기도 하는데, 이 말도 '디히'에서 '지히'로 바뀌었다가 '지'가 된 것입니다.

계절마다 먹는 대표 김치에는 무엇이 있나요?

봄에는 겨우내 답답했던 기분을 상쾌하게 가다듬고 입맛을 돋우기 위해 산나물이 들어간 김치를 담가 먹어요. 돌나물김치, 미나리김치 같은 산나물 김치는 신선하게 먹는 것이 맛도 좋고 몸에도 좋으므로 살짝 익혀서 빨리 먹어야 해요. 여름에는 채소가 풍성하고 싱싱하므로 어떤 김치도 맛이 좋아요.

그럼, 가을 김치에는 무엇이 있을까요? 햇고추를 넣어 고추김치를 담기도 하고, 우엉 같은 뿌리채소로도 김치를 담가 먹어요.

겨울 김치는 여러분도 잘 알지요? 겨울에는 신선한 채소를 구하기 힘들기 때문에 양념과 젓갈을 많이 넣어서 짭짤하고 맵게 절인 김장 김치를 담급니다. 겨울 내내 먹는 김장 김치는 우리 몸에 단백질과 비타민을 공급해 주는 보물 같은 음식이지요.

김치와 기무치는 같은 건가요?

일본에 가면 우리의 김치와 비슷한 '츠케모노'라는 음식이 있습니다. 일본 사람들은 김치에서 매운맛과 비린 맛을 빼고 단맛을 넣어 전혀 다른 음식을 만들었어요. 또 김치는 두 번 절이는 복합절임법을 쓰지만 일본의 츠케모노는 그렇지 않아요.

일본이 츠케모노를 '기무치' 라는 이름으로 세계에 팔았기 때문에 다른 나라에서는 기무치를 원조 김치로 잘못 아는 경우가 있어요. 하지만 국제 음식 규격에서는 우리 김치가 세계 표준임을 인정했습니다.

어린이 여러분, 김치는 우리 조상이 개발한 자랑스러운 전통 음식이라는 사실을 잊지 마세요.

국립중앙도서관 출판시도서목록(CIP)

김치 안 먹을래 : 올바른 식습관을 길러주는 책 / 글: 김지은 ; 그림
: 유준재. -- 고양 : 위즈덤하우스, 2009
    p. ;   cm. -- (좋은습관 길러주는 생활동화 ; 01)

ISBN 978-89-6247-115-1 74810 : ₩8500
ISBN 978-89-92010-33-7(세트)

식습관 [食習慣]
594.1-KDC4   CIP2009002966

올바른 식습관을 길러주는 책
김치 안 먹을래

초판 1쇄 발행 2006년 12월 18일   **개정판 6쇄 발행** 2015년 8월 10일

글 김지은   **그림** 유준재   **기획** 송윤섭
펴낸이 연준혁   **스콜라 부문대표** 황현숙

출판 5분사 분사장 배재성   **편집장** 윤지현
책임편집 이주연   **디자인** 김지선

펴낸곳 (주)위즈덤하우스   **출판등록** 2000년 5월 23일 제13-1071호
주소 경기도 고양시 일산동구 정발산로 43-20 센트럴프라자 6층
전화 (031)936-4000   **팩스** (031)903-3891
전자우편 scola@wisdomhouse.co.kr   **홈페이지** www.wisdomhouse.co.kr

ⓒ 김지은 · 유준재, 2006
ISBN 978-89-6247-115-1 74810
ISBN 978-89-92010-33-7 (세트)

이 책은 저작권법에 따라 보호받는 저작물이므로 무단전재와 무단복제를 금지하며,
이 책 내용의 전부 또는 일부를 이용하려면 반드시 저작권자와 (주)위즈덤하우스의 동의를 받아야 합니다.
이 책은 《콩두는 김치를 싫어해》의 개정판입니다.
* 잘못된 책은 바꿔 드립니다.   * 책값은 뒤표지에 있습니다.

스콜라는 (주)위즈덤하우스의 아동 · 청소년 브랜드입니다.

김치를 닮은 세계의 김치 친구들

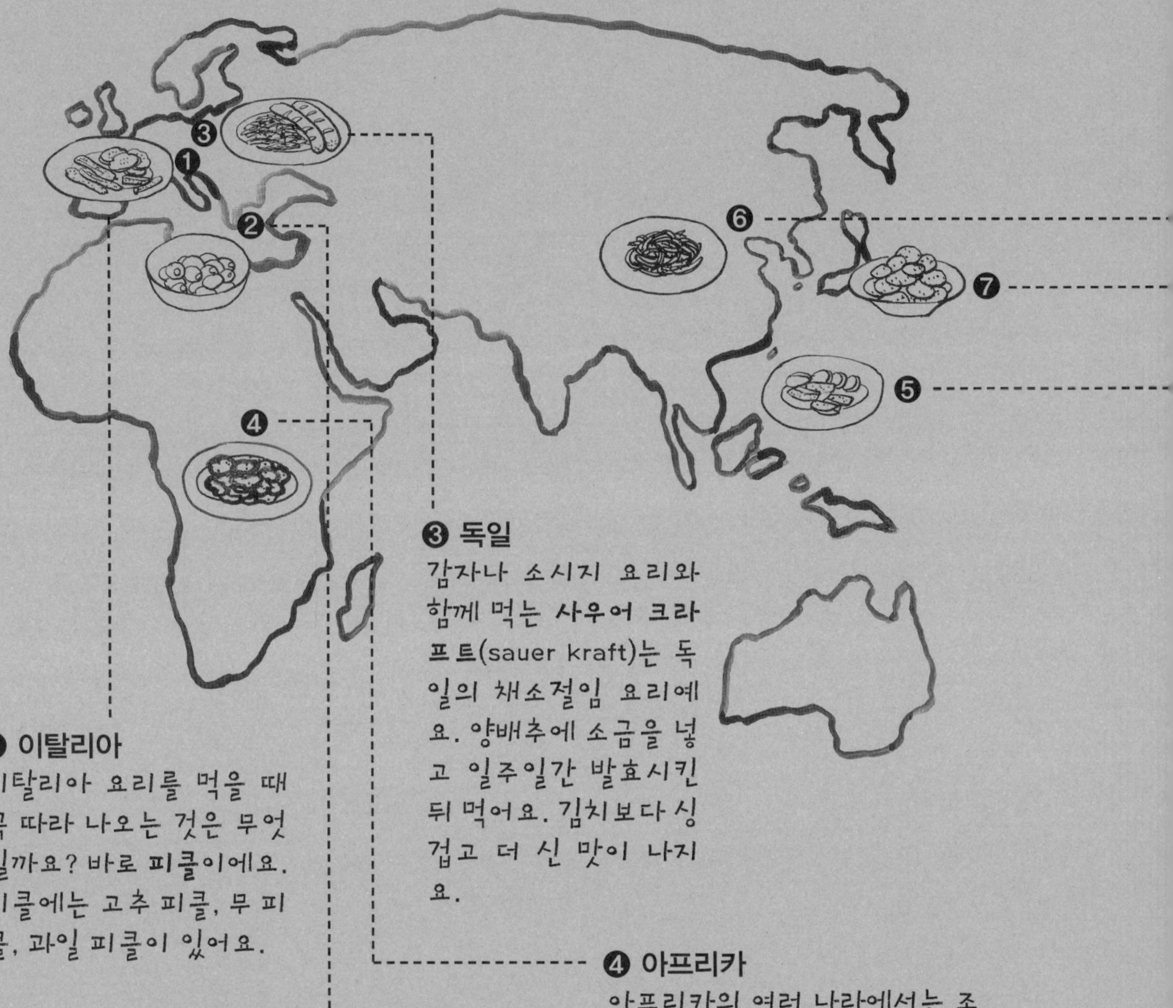

❸ 독일
감자나 소시지 요리와 함께 먹는 사우어 크라프트(sauer kraft)는 독일의 채소절임 요리예요. 양배추에 소금을 넣고 일주일간 발효시킨 뒤 먹어요. 김치보다 싱겁고 더 신 맛이 나지요.

❶ 이탈리아
이탈리아 요리를 먹을 때 꼭 따라 나오는 것은 무엇일까요? 바로 피클이에요. 피클에는 고추 피클, 무 피클, 과일 피클이 있어요.

❹ 아프리카
아프리카의 여러 나라에서는 조각조각 자른 가지를 소금물에 담가 두었다가 다른 음식에 곁들여 먹습니다. 이것을 베팅간(betingan)이라고 해요.

❷ 지중해의 여러 나라들
올리브 피클은 지중해의 따뜻한 나라들에서 사랑받는 채소절임이에요. 신 맛과 짠 맛과 쓴 맛이 골고루 느껴지는 특별한 맛이 있어요.